AF370102

TABLE

DES

EDITS, DECLARATIONS,

ORDONNANCES, ARRESTS

ET REGLEMENS

CONCERNANT

LES DOMAINES ET DROITS Y JOINTS.

Rendus pendant la cinquiéme année du Bail
de Me PIERRE CARLIER.

Commencée le premier Octobre 1730. & finie le dernier
Septembre 1731.

A PARIS,

Chez PIERRE PRAULT, Imprimeur des Fermes du Roy, Quay de Gesvres, au Paradis.

M. DCC. XXXIV.

TABLE

DES

EDITS, DECLARATIONS,

ARRESTS ET REGLEMENS

RENDUS pendant la cinquiéme année du Bail de M^e. PIERRE CARLIER.

Commencée le premier Octobre 1730. & finie le dernier Septembre 1731.

CONCERNANT les Domaines de France, Controlle des Actes des Notaires, Petits Scels, Insinuations Laïques, Centiéme Denier, Controlle des Exploits, Greffes, Amortissemens, Francs-Fiefs & nouveaux Acquets, & Droits réservés dans les Cours & Jurisdictions par les Edits des mois d'Août 1716. Janvier & Novembre 1717. & rétablis par la Déclaration du 15. Mai 1722.

Du 17. Octobre 1730.

RREST du Conseil, qui ordonne qu'à la diligence de Me Pierre Carlier Adjudicataire General des Domaines & autres Fermes-Unies de Sa Majesté, il sera par le sieur Intendant & Commissaire départi en la Generalité de Bourges, procedé, après les publica-

tions ordinaires & accoûtumées, à l'adjudication au plus offrant
& dernier encherisseur, de la Ferme des Domaines de Bourges
& Dun-le-Roi, circonstances & dépendances, tels & ainsi qu'ils
ont été engagés par les Contrats des 7. Avril 1645. & 4. Avril
1675. & qu'ils sont échûs à la Dame Princesse de Conty par le
sixiéme Lot du partage des biens de la succession de Loüis
Duc de Bourbon, du 17. Septembre 1727. & ce pour cinq
années, à commencer du premier Janvier 1728. jusqu'au
dernier Decembre 1732. datte de l'expiration du Bail dudit Carlier, pour être le prix de l'adjudication de ladite Ferme,
payé audit Carlier, lequel sera tenu d'en compter à Sa Majesté, outre & par dessus le prix dudit Bail General des Fermes-Unies ; & veut que les Fermiers particuliers & autres, qui
ont reçu quelques droits ou revenus faisant partie desdits Domaines de Bourges, pour les années commencées audit jour
premier Janvier 1728. soyent tenus de payer ce qu'ils doivent
du prix de leurs Baux & du produit de leur Recette des Droits
desdits Domaines, ès mains de l'Adjudicataire de ladite
Ferme, à quoi faire ils seront contraints comme pour les deniers & affaires du Roi, &c.

Du 24. Octobre 1730.

*   Arrest du Conseil, qui ordonne que les Reglemens concernant la perception du Droit de Centiéme denier, seront
executés selon leur forme & teneur ; en consequence, condamne le sieur Legras du Luart, solidairement avec les Commissaires aux Saisies Réelles, établis à Paris, à payer à Pan-
crace Bauvat Fermier des Domaines, Controlle des Actes &
autres Droits y joints de la Generalité de Tours, ses Preposés
& Commis, la somme de six cent douze livres, pour le Centiéme Denier, & quatre sols pour livre de la Terre de Bouer
& ses dépendances, dûë par les heritiers du feu sieur Baron
du Sein, & ledit sieur Legras du Luart personnellement, à
payer pareille somme de six cent douze livres, pour raison de
l'acquisition par lui faite de ladite Terre, desdits heritiers,
quoique venduë par Décret, au payement desquelles som-
mes ledit sieur Legras du Luart & les Commissaires aux Sai-

fies Réelles, feront contraints chacun pour ce qui les concerne par toutes voyes dûs & raifonnables; quoi faifant ils en demeureront bien & valablement déchargés, &c.

Du 14. Novembre 1730.

* Arreft du Grand Confeil, concernant les Fours Bannaux de la Ville de Nogent fur Seine; qui ordonne que l'Arrêt du Confeil du 30. Mars 1701, & autres rendus en confequence, feront executés felon leur forme & teneur : Ce faifant, qu'à la premiere fommation qui fera faite aux particuliers qui ont des Fours en leurs Maifons, ils feront tenus de les démolir ou faire démolir, finon permet aux Superieure, Religieufes & Communauté de la Maifon Royale de Saint Loüis établie à Saint Cyr, de les faire démolir, conformément aufdits Arrefts; à l'effet de quoi ordonne que lefdits particuliers feront tenus d'ouvrir les portes de leurs Maifons, finon qu'ouverture en fera faite par Serruriers, Maréchaux ou autres, en préfence d'un Officier de la Maréchauffée; fait défenfes à tous les habitans de ladite Ville & Fauxbourgs, en general ou en particulier, d'ufer d'aucune violence, ni de faire aucune rebellion, fédition ou émotion populaire, ni autres voyes de fait, ni de reconftruire les Fours qui ont été ou feront démolis en vertu defdits Arrefts, à peine d'être pourfuivis extraordinairement comme rébelles à Juftice; & cependant fait défenfes aux parties de fe pourvoir pour raifon de ce que deffus, circonftances & dépendances, ailleurs qu'au Grand Confeil; & à tous Juges d'en connoître, à peine de nullité, caffation de procedures, quinze cent livres d'amende, dépens, dommages & interéts, &c.

Du 21. Novembre 1730.

Arreft du Confeil, portant qu'il fera procedé annuellement en la maniere accoutumée, en préfence du Receveur du Domaine, à l'arrêté & fixation du cop des Rentes de l'Efpier de Bergues, en faifant la déduction du quart d'ancienneté fur la Raziere du Marché de ladite Ville de Bergues, conformément à l'ancien Reglement de la Chambre des Comptes de Lille, & les autres déductions telles qu'elles sont réglées par les Arrêts du Conseil des 6. Août & 8. Novembre 1701. ordonne que les redevables de l'Espier de la Chastellenie de Bailleul, seront tenus de payer les redevances de l'Espier sur le pied du cop des grains qui se prend en Bergues, en déduisant sur icelui les moderations portées par lesdits Arrests des 6. Aoust & 8. Novembre 1701. & une sixiéme part seulement sur le prix de la Raziere de ladite Ville de Bergues ; le tout ainsi qu'il s'est pratiqué avant l'Arrest du Conseil du 11. Decembre 1725.

Du 5. Decembre 1730.

*   Arrest du Conseil, qui fait très-expresses, inhibitions & défenses aux Receveurs & Controlleurs Generaux des Domaines, de faire aucunes poursuites pour l'ensaisinement ou enregistrement ordonnés par les Edits des mois de Decembre 1701. & Decembre 1727. Déclarations & Arrêts rendus en consequence, & d'en exiger les Droits d'ensaisinement ou enregistremens & de Controlle d'iceux, que dans l'étenduë des terres qui sont constamment & notoirement du Domaine de Sa Majesté, par Elle possedées ou engagées, à peine de restitution du quadruple des Droits qu'ils auront reçus, dont la peine ne pourra être remise ni moderée, sauf à eux d'informer le sieur Controlleur General des Finances, des usurpations faites sur ledit Domaine, pour y être pourvû ainsi que Sa Majesté le jugera à propos ; & en cas que les Terres soient déclarées Domaniales, à poursuivre par eux les Vassaux & Censitaires desdites Terres, pour satisfaire aux ensaisinemens ou enregistremens & controlle d'iceux, & pour en payer les droits ainsi qu'il est porté par lesdits Edits, Declarations & Reglemens, &c.

Du 7. Decembre 1730.

* Instructions aux Commis & Gardes établis dans le Clermontois, pour la Regie de la Ferme Generale des Domaines & dépendances, & pour celle du Tabac, Controlle des Exploits, Formules & autres Droits.

Du 12. Decembre 1730.

* Arrest du Conseil, qui déboute Charles Yvon Sous-Fermier des Amortissemens & autres Droits y joints dans la Generalité de Paris, de sa demande; & ayant aucunement égard à celle des Prieur, Religieux & Convent des Carmes Déchaussés à Paris, ordonne que les Lettres d'Amortissemens accordées ausdits Carmes au mois d'Aoust 1719. seront executées selon leur forme & teneur; & conformément à icelles, déclare amorties les deux Maisons occupées présentement par le Sr de Baune & par le Sr de Rottembourg; ensemble celle que lesd. Carmes font bâtir actuellement sur le terrain compris dans le Plan annexé ausd. Lettres d'Amortissemens; & en consequence décharge lesdits Carmes des Droits d'Amortissemens à eux demandés par ledit Yvon, pour raison desdites trois Maisons; déclare pareillement amortie la Maison acquise par lesdits Religieux & comprise dans ledit Plan; & ordonne néanmoins qu'ils seront tenus de payer lesdits Droits d'Amortissemens des Bâtimens qu'ils pourront faire construire dans la suite sur ledit Terrain, sans qu'en aucun cas & sous quelque prétexte que ce soit, ils puissent rien repeter contre Antoine Petit, cy-devant Sous-Fermier desdits Droits d'Amortissemens de ladite Generalité de Paris & ses Cautions, &c.

Du 19. Decembre 1730.

Arrest du Conseil, qui liquide à la somme de trente-six mille trois cens quatorze livres trois sols huit deniers, les indemnités dûës à Laurent Hazard Sous-Fermier des Domaines de Flandres, pour les années 1727. & 1728. à cause des moderations accordées aux redevables des Espiers, en execution des Arrêts du Conseil des 6. Août & 8. Novembre 1701. de laquelle somme de trente-six mille trois cens quatorze livres trois sols huit deniers, il sera tenu compte par Pierre Carlier Fermier General audit Laurent Hazard, sur le prix de sa Sousferme, & audit Carlier par Sa Majesté, en vertu dudit Arrest.

Du 19. Decembre 1730.

*. Arreſt du Conſeil, par lequel Sa Majeſté évoque à Elle &
à ſon Conſeil toutes les conteſtations au ſujet de la joüiſſance
des places , boutiques & échopes des Halles, Places & Mar‑
chés de Paris , détaillées audit Arreſt , tant entre les particu‑
liers qui les occupent , qu'entre les ſieurs Alaric , Hurtaud,
Moireaux , Gohory , Alienataires de Sa Majeſté à titre d'en‑
gagement & à faculté de rachapt perpetuel , & tous autres en
quelques Cours & Juriſdictions qu'elles ayent été portées , &
les renvoye devant le ſieur Lieutenant General de Police à
Paris , pour y être jugées , ſauf l'appel au Conſeil.

Du 30. Janvier 1731.

*. Declaration du Roi , *regiſtrée en la Chambre des Comptes le
9. Mars 1731.* Qui ordonne que les Receveurs Generaux des
Domaines & Bois , compteront par bref état au ſieur Bibe‑
ron de Cormery , chargé par Edit de Juillet 1715. du Recou‑
vrement des quatorze deniers pour livre , tant des bois du Roi,
que de ceux des Communautés Eccleſiaſtiques & Laïques ,
du produit deſdits droits ; preſcrit la forme deſdits Comptes,
& de celui qu'en doit rendre le ſieur Biberon , *contenant ſix
articles.*

Du 30. Janvier 1731.

*. Arreſt du Conſeil , qui ordonne que l'Edit d'Octobre 1705.
& Arreſts des 27. Avril 1706. & 29. Decembre 1716. ſeront
executés ſelon leur forme & teneur ; en conſequence , &
pour les contraventions commiſes auſdits Reglemens par les
nommés Mallet Hôtelier à Paris , & Duval Huiſſier de la
Chambre des Comptes ; les condamne en trois cens livres d'a‑
mende chacun , outre la reſtitution des droits de Controlle
d'un Acte ſous ſignature privée , du 24. Aouſt 1730. Ordonne
en outre , que l'exploit du 10. Janvier 1731. demeurera nul &
de nul effet , & ledit Duval interdit de toutes ſes fonctions
juſqu'au parfait payement de l'amende qui le concerne.

Du 30. Janvie 1731.

Arrest du Conseil, qui autorise Nicolas Desboves & ses cautions à passer un nouveau Bail à Nicolas Terrier, actuellement Fermier de la Terre & Marquisat de Belle-Isle en Bretagne, ses circonstances & dépendances, pour neuf années, à commencer du premier Janvier 1733. moyenant le prix & somme de 32500. livres par chacune desdites neuf années, & aux autres clauses & conditions de l'adjudication qui a été faite audit Terrier le 31. Juillet mil sept cent vingt-huit, à la charge par ledit Terrier, de ne passer les Baux des Métairies dépendantes de ladite Terre qu'avec quelqu'augmentation du prix, ou au moins sur le pied des prix actuels, & de donner bonne & suffisante caution, tant pour le payement du prix dudit Bail, que pour l'execution des autres charges, clauses & conditions énoncées en ladite adjudication, lesquelles seront rappellées & stipulées dans ledit Bail qui en sera passé audit Terrier par ledit Desboves & ses cautions, ausquels le prix du Bail de ladite Terre de Belle-Isle sera payé pendant les six années du Bail general des Domaines fait audit Desboves, qui finiront au dernier Décembre 1738. & le prix des trois années suivantes à son successeur dans ladite Ferme Generale desdits Domaines & autres Fermes Unies, &c.

Du mois de Fevrier 1731.

" Ordonnance du Roi, *regiſtrée en Parlement le 9. Mars 1731.* pour fixer la Jurisprudence sur la nature, la forme, les charges ou les conditions des Donations. *contenant quarante-sept articles,*

Du 13. Fevrier 1731.

Arrest du Conseil, qui ordonne que les Quittances comptables des Tresoriers Payeurs des Charges assignées sur les Fermes-Unies, des Receveurs Generaux des Domaines pour gages d'Officiers, Charges locales, frais de Justice, & réparations de l'annnée 1728. retirées dans les Provinces par les Sous-Fermiers & Commis de Pierre Carlier, Adjudicataire general desdites Fermes-Unies, qui sont controllées par des

Commis & personnes dont les qualités ne font point justifiées, ce qui pourroit faire de la difficulté, tant dans l'Etat au vrai, que dans le compte que ledit Carlier doit rendre au Conseil & en la Chambre des Comptes, du prix de son Bail de l'année 1728. feront regiftrées au Controlle general des Finances, encore que le temps preferit par les Reglemens, & notamment par la Declaration du Roi du 6. Mars 1716. foit expiré, à condition que lefdites quittances feront remifes au Bureau dudit Controlle general des Finances dans un mois du jour de la datte dudit Arreft, &c.

Du 13. *Fevrier* 1731.

Arreft du Confeil, qui fait défenfes aux Officiers de l'Election de Langres, de conoître de la rebellion faite par plufieurs Habitans du lieu de Befmont aux Employés de la Ferme generale le 11. Octobre 1729. au fujet de la faifie faite par lefdits Employés, d'une Voiture à trois chevaux, chargée de deux demi-muids, & une feuillette de Vin conduite par un particulier à eux inconnu, à peine de nullité, caffation de Procedures, & de tous dépens, dommages & interês, & ordonne que le Procès encommencé pour raifon de ce par les Officiers des Traittes de ladite Ville, fera continué jufqu'à Sentence diffinitive inclufivement, fauf l'appel en la Cour des Aydes, &c.

Du 17. *Fevrier* 1731.

* Declaration du Roi, *regiftrée en Parlement le 9. Mars* 1731. portant Reglement fur les Infinuations & les Donations; *contenant fept articles.*

Du 17. *Fevrier* 1731.

* Arreft du Confeil, concernant le deffechement des Marais, qui renvoye au Bureau du Commerce le Sieur Prince de Talmond & autres Proprietaires des Marais à deffecher, dans les Paroiffes d'Angle, la Tranche & Moric en Poitou, la Dame de la Tafte & fes Affociés, pour raifon de leurs prétentions refpectives, à l'occafion du deffechement defdits Marais, circonftances & dépendances, pour fur l'avis des Sieurs Commiffaires dudit Bureau du Commerce, être fait

droit

droit par Sa Majesté, ainsi qu'il appartiendra ; en consequence, fait défenses ausdites Parties de proceder ailleurs, à peine de nullité, cassation de procedures, & de tous dépens, dommages & interests.

Du 20. Fevrier 1731.

Arrest du Conseil, qui décharge Loüis Bourgeois, Adjudicataire des Fermes Generales, de l'Assignation à lui donnée à la requeste des Veuve & heritiers du Sieur Monicart President, Tresorier de France au Bureau des Finances de Metz le 18. Avril 1730. pour raison des Gages intermediaires de l'Office dont ledit Sieur Monicart étoit pourvû ; ordonne que ledit Bourgeois & Carlier son successeur ausdites Fermes Generales, joüiront chacun pour ce qui les concerne desdits gages, & ce à compter du premier Juillet mil sept cens vingt jusqu'au jour de la reception du successeur dudit feu Sieur de Monicart audit Office, sans que les Veuve & heritiers dudit feu Sieur de Monicart ni autres, puissent rien prétendre ausdits gages intermediaires, attendu le défaut de reception dudit feu Sieur de Monicart ; ordonne en outre que la souffrance mise sur le compte du Sieur Dupin, Receveur General des Finances de la Generalité de Metz de l'année 1727. à l'Article des gages dudit Office de Premier President du Bureau des Finances de Metz, faute de Quittance des Officiers du Bureau, sera levée sans frais, & ledit Article de dépense rétabli & alloüé sur la Quittance dudit Sieur Pierre Carlier, ou de son Préposé, & que pour l'execution d'icelui toutes Lettres necessaires seront expediées, si besoin est, &c.

Du 26. Fevrier 1731.

* Arrest du Conseil, portant Reglement general pour la Navigation & usage de la Riviere de Biévre, dite des Goblins, depuis sa source jusqu'à sa décharge dans la Riviere de Seine, *contenant soixante-sept articles.*

Du 27. Fevrier 1731.

* Arrest du Conseil, qui ordonne que les Edits des mois

de Decembre 1701. & Decembre 1727. Declarations &
Arrêts rendus en conséquence, seront executés selon leur
forme & teneur ; ce faisant, que les Proprietaires par acquisition, succession en ligne directe ou collaterale, ou
par quelque autre Titre translatif de proprieté que ce puisse
être, des Fiefs, Terres, Seigneuries, & autres fonds & heritages, tant Nobles que Roturiers, mouvans & relevans
notoirement & constamment de la Directe de Sa Majesté &
de ses Domaines, soit qu'ils soient en ses mains, ou qu'ils
soient engagés, seront tenus de faire ensaisiner leurs Titres,
ou s'ils n'ont point de Titres, de faire enregistrer leurs Declarations dans le temps & en la maniere portée par lesdits
Edits, Declarations & Arrêts, & d'en payer les Droits aux
Receveurs & Controlleurs Generaux des Domaines, sans que
lesdits Receveurs & Controlleurs puissent exiger lesdits ensaisinemens & enregistremens, & les Droits qui y sont attribués,
de ceux qui possedent leurs biens dans la directe & mouvance des Seigneurs particuliers, conformément à l'Arrest du
Conseil, du 5. Decembre 1730.

Du mois de Mars 1731.

* Lettres Patentes du Roy, *registrées en la Chambre des Comptes de Paris le 20. Mars 1731.* portant ratification & confir-
mation de l'Echange fait entre le Roy & Charles-Loüis-
Auguste Foucquet, Comte de Belle-Isle, de la Terre, Sei-
gneurie & Marquisat de Belle-Isle en mer, contre quelques
portions des Domaines de Sa Majesté.

Du 20. Mars 1731.

* Arrest du Conseil, qui condamne les Religieux Carmes de
la Ville de Ploermel, à payer au Sieur Caramant, Sous-
Fermier des Droits d'Amortissement en la Province de Bretagne, la somme de cent soixante-six livres treize sols quatre
deniers, pour le Droit d'Amortissement de la somme de
mille livres à eux leguée par le Testament de la Demoiselle
Perine le Cadre de Chamoiseau du 18. Novembre 1718.

Du 25. Mars 1731.

Lettres de Relief de surannation des Lettres Patentes obtenuës par Madame la Marquise de Lambert le 17. Mai 1729. sur un Arrest du même jour, pour la faire joüir annuellement d'une rente viagere de dix-sept cens livres, assignée sur les Domaines de Languedoc, pour lui tenir lieu de la joüissance des Droits de Coup & de Leudes de Castelnaudary, à elle alienés à vie, & depuis réünis au Domaine de Sa Majesté, lesdites Lettres *registrées en la Chambre des Comptes de Paris le* 13. *Avril* 1731.

Du 6. Avril 1731.

* Lettres Patentes, *registrées en Parlement le* 13. *Juin* 1731. qui ordonnent la Coupe & Repeuplement en Bois, des Parcs de Limours & de Vincennes, aux charges, clauses & conditions y portées.

Du 17. Avril 1731.

* Arrest du Conseil, qui ordonne que la Requête de M. le Prince de Talmond, & des autres Proprietaires des Marais à dessécher dans le Bas-Poitou, sera communiquée à la Dame de Lambert, veuve du Sieur de la Taste, & à ses Associés, pour y fournir de réponse dans quinzaine, sans préjudice neanmoins de l'execution des Arrests obtenus par ladite Dame & ses Associés, pour le desséchement desdits Marais.

Du 18. Avril 1731.

* Instruction aux Employés à la régie des Aydes, sur les Droits de Controlle d'Exploits, Droits Reservés & Petit-Scel, & autres qui peuvent être dûs sur les Actes & Expeditions de procedures concernant les Fermes.

Du premier May 1731.

Arrest du Conseil, portant alienation à vie, à commen-

cer du premier Janvier 1731. au Sieur Comte de Belle-Isle,
Meftre de Camp General des Dragons de France , & au
Sieur Marquis de la Fare , Commandant en Languedoc , des
Domaines ci-après ; fçavoir audit Sieur Comte de Belle-Isle,
des Domaines de Mont-Rozier , Segur-Guges , Camboulas
& commun de paix de Severac , du Domaine de la Monta-
gne du Trap, & du Domaine de Villefranche , non compris les Greffes , & des Droits de Lods & Ventes en dépendans , à quelques fommes que les Terres qui y font fujettes
foient venduës , felon & ainfi que les Sous-Fermiers ont
droit d'en joüir , lefdits Domaines fitués dans la Generalité
de Montauban ; & audit Sieur Marquis de la Farre , du Domaine de Villeneuve & Saint-Aubin , & du Domaine de
Muret & fes Boucheries , non compris le Moulin , & des
Droits de Lods & Ventes en dépendans , & ce pour leur
tenir lieu de toutes les Finances aufquelles ont été liquidées
les Charges Municipales par eux acquifes , & autres de-
mandes & prétentions generalement quelconques pour raifon de ce : Ordonne en confequence , qu'en remettant au
Sieur Gruyn , Garde du Tréfor Royal , des Recepiffés du
Tréfor Royal deftinés à être convertis en rentes fur les Tail-
les jufqu'à la concurrence de deux cens quarante-fix mille
foixante-treize livres , il leur fera expedié des Quittances de
Finance pour joüir defdits Domaines ; fçavoir , audit Sieur
de Belle-Isle une de cent quarante-un mille foixante-treize
livres , & au Sieur de la Fare une autre de cent cinq mille
livres , fur lefquelles Quittances il leur fera paffé par les Sieurs
Commiffaires députés pour l'alienation des Domaines à chacun un Contrat de vente des Domaines ci-deffus , foit en
leur nom , ou de telles perfonnes qu'ils indiqueront , pour
en joüir pendant la vie de ceux au profit de qui lefdits Contrats feront paffés , avec toutes circonftances & dépendances
defdits Domaines , ainfi qu'en joüiffent & ont droit de joüir
les Fermiers des Generalités d'Auch & les Montauban, fans
aucune autre exception ni referve , & fans qu'il foit be-
foin , pour paffer lefdits Contrats , d'aucune publication, tous
lefquels Domaines reviendront à Sa Majefté après le décès
defdits Engagiftes. Ordonne que conformément à l'Etat qui

a été remis & signé par les Sous-Fermiers des Domaines, lequel restera annexé à la minutte dudit Arrest, il sera fait diminution ausdits Sous-Fermiers de la somme de huit mille livres par chacun an, sur le prix de leur Sous-Ferme, par le Fermier General, auquel il en sera tenu compte par Sa Majesté sur le pied de son Bail, à commencer en l'année 1731.

Du premier Mai 1731.

* Arrest du Conseil, qui ordonne que les Adjudicataires des Bois de la Commanderie d'Amboise, seront tenus de remettre ès mains du Receveur General des Domaines & Bois de la Generalité de Tours, le prix des Balivaux de ladite Commanderie vendus au mois de Juin 1728. en vertu de l'Arrest du 11. Mai 1727. pour en être le tiers revenant à Sa Majesté, à cause de son Droit de Segrerie dans lesdits Bois, & les quatorze deniers pour livre, employés par ledit Receveur General, ainsi que les autres deniers de sa recette; & les deux autres tiers au profit de l'Ordre de Saint Jean de Jerusalem, ainsi qu'il sera par Sa Majesté ordonné, conformément audit Arrest, & que le prix des Taillis vendus en vertu dudit Arrest, sera remis par les Adjudicataires ès mains du Commandeur de ladite Commanderie, pour être par lui employé à son profit, comme faisant partie de son revenu ordinaire.

Du premier Mai 1731.

* Arrest du Conseil, qui ordonne l'execution de ceux dudit Conseil des 21. Septembre 1671. 21. Avril 1705. & 20. Juin 1730. & en consequence, que dans un mois, sans esperance d'autre délai, les possesseurs & détempteurs des Echopes & Bâtimens adossés à la Halle aux Draps, seront tenus de rapporter devant M. Herault, Conseiller d'Estat, Lieutenant General de Police, tous & un chacun leurs Titres, tant de l'alienation des Places que de la construction, propriété & jouïssance des Echopes adossés à la Halle aux Draps, pour par les Gardes de la Draperie en prendre communication, & être ensuite procedé à la visite ordonnée par lesdits Arrests,

ſinon ledit tems paſſé, que leſdits Terrains, Echopes & Bâtimens, ſeront & demeureront réünis au Domaine de Sa Majeſté, ſans que lad. peine puiſſe être reputée comminatoire; Sa Majeſté enjoignant expreſſément à ſes Receveurs des Domaines, après ledit délai expiré, de paſſer des Baux deſdits Echopes & Bâtimens, à la charge par eux d'en compter en la maniere accoutumée.

Du 13. Mai 1731.

* Arreſt du Conſeil, concernant le deſſéchement des Marais du Bas-Poitou; déboute le Prince de Talmond & Conſors, Proprietaires deſdits Marais, des oppoſitions par eux formées aux Arreſts des 16. Janvier 1723. 15. Aouſt 1724. 7. Mai & 25. Septembre 1725. & 12. Mars 1726. & le Sieur de Montournois de ſon intervention, à l'occaſion du tort qu'il prétend être fait à ſon Port de Saint Benoiſt; ordonne que leſdits Arreſts, & tout ce qui a été fait en conſequence auront leur entiere execution en faveur de la Dame Lambert, veuve du Sieur de la Taſte, & ſes Aſſociés au deſſéchement deſdits Marais.

Du 15. Mai 1731.

* Arreſt du Conſeil, qui ſans s'arrêter à l'appel interjetté au Parlement de Metz par les nommés Henri la Pierre, Jean Marc, François Cochard, Habitans d'Avioch, poſſeſſeurs d'heritages par eux acquis dans les Domaines & Cenſives de Sa Majeſté, & par les Officiers de l'Hôtel de Ville de Montmidy, & de Chavency-le-Château, dont ils ſont déboutés; ordonne l'execution des Edits, Declarations & Reglemens, & de la Sentence des Officiers du Bureau des Finances de Metz, renduë en conformité le 13. Fevrier 1731. ce faiſant que tous poſſeſſeurs de biens tenus en Fief ou en Cenſive de Sa Majeſté, feront enſaiſiner & enregiſtrer les Titres, Contrats & autres Actes, en vertu deſquels ils poſſedent actuellement les biens ſitués dans la Mouvance & Directe de Sa Majeſté, & en payeront les Droits attribués aux Receveurs & Controlleurs Generaux des Domaines & Bois, par les

Edits de Decembre 1701. & Decembre 1717. Deboute lefdits Habitans de leurs oppofitions à la contrainte contre eux décernée, les condamne de porter au Bureau de Montmidy les Contrats mentionnés en ladite Contrainte ; & pour le refus qu'ils en ont fait, les condamne aux dépens adjugés par icelle.

Du 15. Mai 1731.

Arreſt du Conſeil, qui deboute François Legras, Sous-Fermier des Domaines & Droits y joints dans la Ville & Generalité de Paris, de l'oppofition par lui formée à celui du 16. Aouſt 1729. portant que les Sieurs Maſſon, Neyret & Mauzeran, étant aux droits de Charles Iſambert, Dufauſſoy & Paul Manis précedens Fermiers Generaux defdits Domaines, en confequence de differens Traités paſſés entre eux, lui compteront de la Recette qu'ils ont fait depuis le premier Janvier 1717. de toutes les amendes arbitraires & de condamnations prononcées pendant le tems de leurfditsTraités, & qu'ils remettront les fommes qui en font provenuës, & ordonne que ledit Arreſt dudit jour 16. Aouſt 1729. fera executé felon fa forme & teneur, & que conformément à icelui, lefdits Sieurs Maſſon, Neyret & Mauzeran, feront tenus de rendre compte à Loüis Bourgeois, Fermier General, de toutes les fommes provenantes defdites amendes arbitraires & de condamnations, prononcées pendant le tems de leurfdits Traités, dont ils ont fait le recouvrement, jufqu'au premier Octobre 1726. &c.

Du 18. Mai 1731.

* Declaration du Roi, *Regiſtrée au Parlement de Befançon le 5. Juillet* 1731. qui ordonne que les Ecclefiaſtiques & autres gens de Main-morte ne pourront acquerir dans le Comté de Bourgogne aucuns biens fonds, en Fief ou en Roture, fans en avoir obtenu la permiſſion par des Lettres Patentes, & aux autres charges, claufes & conditions portées par ladite Declaration, *contenant dix-neuf articles.*

Du 26. Mai 1731.

* Lettres Patentes du Roi, *regiſtrées au Parlement le* 13. *Juin* 1731. qui ordonnent la Vente & Adjudication au plus offrant & dernier encheriſſeur, de huit parties de Bois, montant à la quantité de deux cens treize arpens dépendant du Domaine de Verſailles, à prendre tant dans la Forêt & Parc de Marly, que dans les grands & petits Parcs de Verſailles, avec le tiers ou environ des vieuxChênes & Châtaigniers qui ſont dans partie deſdits Bois, & être le prix de ladite adjudication mis ès mains du Sieur Liard Commis en la Recette deſdits Domaines & Bois, pour par lui en compter au profit de Sa Majeſté.

Du 28. Mai 1731.

* Arreſt du Conſeil d'Eſtat Privé, qui fait défenſes aux Officiers de la Senéchauſſée & Siege Preſidial de Bordeaux, de troubler les Preſidens, Treſoriers de France, du Bureau des Finances de la même Ville, dans le droit de les précéder, tant en corps qu'en particulier, en tous lieux & en toutes Aſſemblées generales & particulieres, ſoit lors des paſſages des Princes & Princeſſes dans la Ville de Bordeaux, ou autrement, à peine de trois mille livres d'amende, dépens, dommages & intereſts, & qui condamne les Officiers de la Senéchauſſée & Siege Preſidial aux dépens, liquidés à 200. livres.

Du 29. Mai 1731.

Reſultat du Conſeil, portant Bail à Pierre Carlier, & à Nicolas Desboves, des Droits Domaniaux & autres établis & à établir dans la Principauté d'Orange réünis à la Couronne par l'échange fait avec M. le Prince de Conty le 23. Avril 1731. aux prix, charges, clauſes & conditions y portées.

Du 29. Mai 1731.

Arreſt du Conſeil, & Lettres Patentes, qui exemptent de

tous

tous Droits les Marchandises & Denrées qui passeront de la Principauté d'Orange dans le Dauphiné, & réciproquement celles qui passeront du Dauphiné dans la Principauté d'Orange. Ordonnent qu'il sera établi dans la Ville d'Orange un Grenier dans lequel le sel y sera vendu & distribué aux Habitans de la Principauté, au prix qu'il est délivré aux Habitans du Dauphiné dans le Grenier d'Avignon, suivant la fixation portée par l'Etat arrêté au Conseil le 19. Aoust 1726. Qu'il sera pareillement établi des Bureaux pour la levée & perception, dans ladite Principauté d'Orange & dépendances, des mêmes Droits qui se levent actuellement dans le reste de la Province de Dauphiné au profit de Sa Majesté, & qui sont compris dans le Bail general des Fermes-Unies, fait à Pierre Carlier ; à l'effet de quoi les Edits, Declarations, Arrests & Reglemens concernant lesdits Droits, & ceux de la Ferme du Tabac, seront executés dans l'étenduë de ladite Province, &c.

Du 29. Mai 1731.

Arrest du Conseil, qui ordonne qu'en attendant l'expedition, Sceau & Enregistrement où besoin sera, du Resultat du même jour, Pierre Carlier & Nicolas Desboves, Adjudicataires des Fermes Generales de Sa Majesté, joüiront successivement des Domaines & Droits Domaniaux de la Principauté d'Orange & dépendances contenus dans le Bail passé le 26. Septembre 1723. par Loüis-Armand de Bourbon, Prince de Conty à M. Loüis Crozat, & encore des Gabelles & autres Droits qui se levent dans l'étenduë de la Province de Dauphiné au profit de Sa Majesté, & qui sont compris dans les Baux generaux des Fermes-Unies faits ausdits Carlier & Desboves pour le temps mentionné audit Resultat ; veut que lesdits Droits soient payés ausdits Carlier & Desboves, leurs Sous-Fermiers, Procureurs, Commis & Préposés, aux Bureaux pour ce établis & à établir, à quoi faire les débiteurs seront contraints par les voyes ordinaires pour les deniers & affaires de Sa Majesté, & que lesdits Carlier & Desboves pourvoyent à tout ce qu'ils estimeront necessaire pour l'entiere & paisible joüissance desdits Droits, & enjoint au Sieur Intendant & Commiſſaire départi dans la Province de Dauphiné, & aux Juges ordinaires des Fermes, de mettre en poſſeſſion deſdits Droits leſdits Carlier & Desboves, leurs Sous-Fermiers, Procureurs & Prépoſés, & de tenir la main à l'execution d'icelui, nonobſtant toutes oppoſitions ou appellations, dont ſi aucunes interviennent, Sa Majeſté s'en réſerve la connoiſſance & à ſon Conſeil, & a icelle interdit à toutes ſes Cours & autres Juges, &c.

Du 29. Mai 1731.

*   Arreſt du Conſeil, qui Commet le Sieur Jacques-Loüis de Lalande, pour en la place du Sieur le Pere, & en execution de l'Arreſt du Conſeil du 13. Mai 1724. recevoir ſur les recepiſſés de ceux qui ſe rendront Adjudicataires des Domaines de Sa Majeſté, à titre de revente, le ſol pour livre qui doit être par eux payé du montant du capital, ſur le pied du denier trente des rentes, à la charge deſquelles la revente deſdits Domaines ſera faite, en donnant par lui caution, & faiſant ſa ſoumiſſion au Greffe du Conſeil; & lui accorde un ſol pour livre ſur le montant de ſa recette, pour lui tenir lieu d'appointemens.

Du 29. Mai 1731.

*   Arreſt du Conſeil, concernant le deſſeichement des Marais des Moric en bas Poitou; déclare les ſieurs de Gabaret, Gaborit & conforts, non-recevables & mal-fondés dans l'appel par eux interjetté de deux Ordonnances du ſieur Intendant de Poitiers des 18. & 20. Septembre 1730. renduës ſur les prétentions reſpectives tant deſdits ſieurs Gabaret, Gaborit & Conforts, que des autres Aſſociés dudit Sieur Gabaret pour raiſon de l'execution des Traités, Engagemens, & Déliberations par eux priſes à l'occaſion des deſſeichemens des Marais en queſtion; & ordonne que leſdites Ordonnances ſeront executées, & condamne ledit Sieur de Gabaret en trois mille livres de dommages & intereſts envers la Dame de la Taſte & ſes Aſſociés au deſſeichement deſdits Marais.

Du 30. Mai 1731.

* Inſtruction ſur ce qui doit être obſervé pour la diſtribution, & ſur la forme de tenir les Regiſtres particuliers qui doivent ſervir à l'Enregiſtrement des donations entre-vifs, conformément à la Declaration du Roi du 17. Fevrier 1731.

Du 19. Juin 1731.

* Arreſt du Conſeil, qui confirme la Juriſdiction des Eaux & Forêts ſur les Prés, Marais, Pâris, Communes, Landes & ſeconde herbe, qui appartiennent aux Communautés; fait défenſes aux Officiers de la Juriſdiction ordinaire du Vicomté d'Auge, d'en prendre connoiſſance, à peine de nullité, caſſation de procedures, & aux Parties de s'y pourvoir, à peine de cinq cens livres d'amende, & de tous dépens, dommages & intereſts.

Du 19. Juin 1731.

* Arreſt du Conſeil, qui ſubroge Charles de Villiers, au lieu & place de Pierre Broſſart, pour la Regie & Exploitation de la Sous-Ferme des Domaines, Controlle des Actes & Droits y joints de la Generalité de Tours, pour le temps qui reſte à expirer des ſix années du Bail fait audit Broſſart.

Du 19. Juin 1731.

* Arreſt du Conſeil, qui réünit au Domaine de Sa Majeſté le droit de Bac établi à Roane ſur la Riviere de Loire, & décharge le ſieur Comte de la Feüillade, des condamnations contre lui prononcées par les Arreſts du Conſeil des 13. Juin 1730. 27. Février & 6. Mars 1731.

Du 23. Juin 1731.

* Declaration du Roi, *regiſtrée au Parlement de Roüen le 17.*

Juillet 1731. Portant Réglement sur les alienations ou acquisitions faites par Actes séparés, de la proprieté des Fiefs & Domaines non Fiefez, situez en Normandie, tant par rapport aux Droits de Sa Majesté & des Seigneurs particuliers, que du retrait lignager & féodal, *contenant sept articles.*

Du 26. Juin 1731.

* Arrest du Conseil, qui ordonne que toutes les Requêtes qui seront présentées par les Vassaux de Sa Majesté, soit pour faire recevoir leurs foi & hommages, aveus & dénombremens, soit pour obtenir main-levée des poursuites féodales, seront communiquées aux Receveurs Generaux des Domaines & Bois de la Generalité de Tours, ou à celui de leurs Commis qui sera porteur de leur Procuration speciale, enregistrée au Bureau des Finances, faisant pour cet effet sa résidence en la Ville de Tours, & que lesdites Requestes ne pourront être jugées audit Bureau, ni même sur icelles les Conclusions des Gens du Roi données, que sur les réponses ou consentemens du Receveur General en exercice, ou de son Commis, qui seront tenus de fournir leurs dires sans aucuns frais ni droits, & ce dans la huitaine du jour de la communication qui leur aura été faite.

Du 3. Juillet 1731.

* Arrest du Conseil, par lequel Sa Majesté déclare n'avoir entendu comprendre dans les Tarifs & Reglemens concernans les Droits de Controlle des Actes des Notaires, les Reconnoissances des Rentes Seigneuriales qui se font aux tenuës des Gages-Pleiges ou Assises qui se tiennent annuellement dans les Jurisdictions Seigneuriales de la Province de Normandie, & fait défenses aux Sous-Fermiers des Droits de Controlle des Actes de ladite Province, de rien exiger à l'avenir pour raison desdites Reconnoissances.

Du 5. Juillet 1731.

* Arrest de la Cour de Parlement de Normandie, qui sur un appel comme de griefs & d'incompétence, d'une Sentence renduë par les Officiers de la Maîtrise d'Alençon, revoye les Parties proceder au Siege general des Eaux & Forests de la Table de Marbre du Palais, au prejudice des Officiers du Bailliage de Falaise, sur le fait d'un curage de ruisseau, ou cours d'eau, provenant de plusieurs Fontaines.

Du 17. Juillet 1731.

* Arrest du Conseil, qui révoque la Commission établie par les Arrêts des 13. Aoust 1726. & 1. Aoust 1730. & regle la forme qui doit être observée pour l'execution de l'Edit du mois de Mai 1716. concernant les amendes des Eaux & Forêts, *contenant dix articles.*

Du 24. Juillet 1731.

* Arrest du Conseil, qui ordonne qu'en execution des Arrêts du Conseil, des 21. Novembre 1719. & 18. Fevrier 1720. & à la diligence de François la Combe, les possesseurs de tous les Domaines, Justices, Seigneuries, & Droits Domaniaux de la Province de Franche-Comté, qui en joüissent en consequence des alienations qui leur ont été faites depuis l'année 1674. moyennant finance ou autrement, representeront leurs Titres de proprieté, pour être procedé à la liquidation de leurs finances, & ensuite à leur remboursement en deniers comptans, &c.

Des 14. Janvier 1698. 10. Janvier & 26. Mai 1725. & 27. Juillet 1731.

* Declarations du Roi, portant Reglement pour empêcher la fraude & les abus qui se pratiquent en Normandie par des ventes separées & successives du Fief & du Domaine utile de

la même Terre , au préjudice des Droits du Roi & de ceux des
Seigneurs de Fief & des parens lignagers.

Du 28. Juillet 1731.

* Jugement Souverain , rendu par M. de Levignen Intendant
de la Generalité d'Alençon & MM. les Officiers du Préfidial
de ladite Ville ; qui déclare le nommé Charles Lavigne Ser-
gent de la Paroiffe de Treon , Election de Verneüil , atteint
& convaincu d'avoir fauffement & malicieufement fabriqué
de faux Controlles d'Exploits : Pour punition de quoi , a été
condamné de faire amende honorable , & être appliqué au
Carcan avec un Ecriteau devant & derriere , où ces mots fe-
roient infcrits : *Fauffaire public* ; en outre de fervir le Roi fur
fes Galeres en qualité de Forçat à perpetuité , &c. Et qui condamne Guillaume Marie Notaire & Procureur Fifcal de la
Paroiffe d'Aunay-fous-Couvé , à être blâmé à l'Audience ,
comme complice dudit Lavigne , en cent livres d'amende envers le Roi , &c.

Du 21. Août 1731.

* Arrêt du Confeil , qui permet , pour cette fois feulement,
de faire controller jufqu'au dernier Decembre 1731. les Declarations & Reconnoiffances aux Papiers Terriers qui ont
été paffées enterieurement , encore que les délais fixés par les
Reglemens foient expirés , au moyen duquel Controlle &
du payement des Droits , lefdits Actes auront le même effet
que s'ils avoient été controllés dans les tems prefcrits par les
Reglemens , & après lequel jour dernier Decembre lefdites
Declarations & Reconnoiffances qui n'auront pas été controllées , demeureront nulles & de nul effet , & les Notaires
ou autres perfonnes publiques qui les auront reçuës , & les
Parties qui les auront paffées feront condamnées aux peines
& amendes portées par l'Arrêt du 25. Juillet 1724.

Du 21. Août 1731.

Arrest du Conseil, qui déboute la veuve du feu de Malezieux, vivant Receveur General & Particulier des Domaines & Bois du Hainault, de sa Requête; ordonne que conformément aux Declarations des 22. Decembre 1726. & 3. Fevrier 1728. le fonds des Gages intermediaires des Offices de feu son mari, à compter du jour de son décès jusqu'à celui de la reception de son fils, sera payé & remis à Loüis Bourgeois & Pierre Carlier, successivement Adjudicataires des Fermes Generales ausquels ils appartienent, en vertu de leurs Baux, suivant & comme lesdits Gages intermediaires se trouveront employés dans les Etats de Sa Majesté; à ce faire le sieur Leclerc, Commis par Arrêt du Conseil à l'exercice des Offices dudit feu sieur de Malezieux, & tous autres Dépositaires contraints par les voyes, & ainsi qu'il est ordonné pour le recouvrement des deniers Royaux; quoi faisant, ils en seront bien & valablement quittes & déchargés; & veut que les Quittances que lesdits Bourgeois & Carlier ou leurs Procureurs & Commis leur fourniront du montant desdits Gages, soient passées & alloüées en dépense aux Chambres des Comptes & ailleurs, sans difficulté, en vertu d'icelui, sur lequel toutes Lettres necessaires seront expediées, si besoin est, &c.

Du 22. Août 1731.

* Ordonnance des Prevôt des Marchands & Echevins de la Ville de Paris, qui condamne Loüis-Felix Girardin, Maître Charpentier, en trois mille livres d'amende, applicable au profit de l'Hôpital General, pour avoir sans permission, fait construire un Bâtiment ruë Daguesseau, Fauxbourg S. Honoré; ordonne que ledit Bâtiment sera rasé, que le terrain & les materiaux seront réünis & confisqués au Domaine du Roi, & declare ledit Girardin déchu de sa Maîtrise, sans y pouvoir être rétabli par la suite.

Du 28. *Août* 1731.

* Arreſt du Conſeil, qui déboute la Dame de Kergroades de l'appel par elle interjetté de l'Ordonnance de M. l'Intendant de Bretagne du 16. Avril 1731. qui la condamne à payer le centiéme denier des biens à elle abandonnés pour l'aſſiere de ſes deniers Dotaux ; & ordonne que ladite Dame payera en outre le demi droit du centiéme denier des immeubles dont l'uſufruit lui a été abandonné pour ſûreté des trois mille livres de ſon Doüaire.

Du 31. *Août* 1731.

* Ordonnance des Prévôt des Marchands & Echevins de la Ville de Paris, qui condamne Michel Villot, Marchand de Bois, en trois mille livres d'amende, applicable au profit de l'Hôpital General, pour avoir fait conſtruire un Corps de Logis proche la Riviere, & plus bas que l'alignement de la rue de l'Univerſité, & ſans permiſſion ; ordonne que ledit Bâtiment ſera raſé, les Materiaux confiſqués, & le Terrain réüni au Domaine du Roi.

Du 2. *Septembre* 1731.

* Arreſt du Conſeil, qui ſubroge Jean-Baptiſte Hermant au lieu & place de Jean-Thomas, pour le recouvrement des Droits d'Amortiſſemens, Francs-Fiefs, nouveaux Acquêts & Uſages ordonnés être perçus au profit de Sa Majeſté, en execution des Declarations des 5. Juillet 1689. 16. Fevrier 1694. 22. Novembre 1695. & 9. Mars 1700. & des Edits d'Août 1692. & Mai 1708.

Du 4. *Septembre* 1731.

Arreſt du Conſeil, qui accorde à Madame la Princeſſe de Conty, & aux Princes & Princeſſes ſes enfans, une ſomme de quatre-vingt mille livres par an, en attendant que l'échange

change de la Principauté d'Orange soit consommé, & ce à compter du premier Janvier 1731.

Du 4. Septembre 1731.

Arrest du Conseil, qui déboute le sieur Guilain François Lievains, Tresorier des Fortifications des Ville & Citadelle de S. Omer en Artois, de sa Requête ; ordonne que les Gages intermediaires de l'Office de Maître Particulier des Bois aux Maîtrises de Tournehem & S. Omer, dont étoit pourvû le feu Pierre Lutun, seront payés à Loüis Bourgeois & Pierre Carlier, successivement Adjudicataires des Fermes Generales, chacun pour ce qui le concerne, par le sieur Palisot d'Athis, Receveur General des Domaines & Bois de Flandres & Artois, sur les Quittances du sieur Jolibois Desblossieres, leur Préposé au recouvrement desdits Gages intermediaires, à Paris, à compter du décès dudit feu sieur Pierre Lutun, jusqu'à la reception dudit Lievains ; quoi faisant ledit Palisot d'Athis, bien & valablement quitte & déchargé, sinon & faute par lui de vuider ses mains desdits Gages, veut qu'il y soit contraint par les voyes & ainsi qu'il est ordonné par l'Arrêt du 25. Janvier 1729. &c.

Du 4. Septembre 1731.

* Arrest du Conseil, qui fait défenses à tous Maîtres de Forges, & aux Ouvriers & Forgerons qui y travaillent, de fabriquer, vendre ni débiter aucune Grenaille de fer, ou fonte de fer qui puisse tenir lieu de Plomb à tirer ; fait aussi défenses à toutes sortes de personnes de quelque qualité & condition qu'elles soient de se servir de Grenaille de fer ou fonte de fer qui puisse tenir lieu de Plomb à tirer, à peine de cent livres d'amende, qui demeureront encouruës contre chacun des contrevenans, & qui seront prononcées indépendamment de l'amende encouruë pour le fait de Chasse ; & ordonne que ceux des Maîtres de Forges qui auront vendu, débité ou donné, fait vendre, débiter ou donner de cette Grenaille ou fonte de fer par les Ouvriers par eux employés ,

seront condamnés en trois cens livres d'amende ; comme garans & responsables des faits de leurs Ouvriers , outre les amendes fixées par les anciennes Ordonnances , & notamment par celle des Eaux & Forêts du mois d'Août 1669.

Du 11. Septembre 1731.

*   Arrest du Conseil, qui ordonne que tous Possesseurs , à quelque titre que ce soit de biens tenus en Fief ou en Censive de Sa Majesté , tant dans la Ville de Vitry que dans tous autres lieux , seront tenus de faire ensaisiner les Contrats de leurs acquisitions , ou enregistrer les autres Titres de leur possession , de les faire controller dans les délais portés par les Reglemens , & de payer les Droits d'ensaisinement ou d'enregistrement , & de Controlle d'iceux.

FIN.

www.ingramcontent.com/pod-product-compliance
Lightning Source LLC
LaVergne TN
LVHW020630180726
843502LV00006B/1957